D1691538

(Für Sadie und die Schwestern der 3. Station)

Aus dem Englischen von Estelle van der Zwaan
Erste Auflage 1979
Text © 1978 Bernard Stone
Illustrationen © 1978 Ralph Steadman
Originaltitel: Emergency Mouse
Alle Rechte bei
Andersen Press Ltd. 3 Fitzroy Square London W1.
Printed in Italy by Grafiche AZ, Verona
ISBN 3-7779-0240-3

Was macht die Maus im Krankenhaus?

Erzählt von Bernard Stone

mit Zeichnungen von Ralph Steadman

Ein Flügge-Buch im Hoch-Verlag Düsseldorf

Es war Mitternacht. Auf der Station war es dunkel und still. Alle Patienten schliefen fest—außer Philipp.

Er war operiert worden und obwohl er bequem und warm in seinem Bett lag, hatte er Schmerzen im Kiefer. Deswegen konnte er nicht einschlafen. Er versuchte sich abzulenken und nur an Sachen zu denken, die ihm Spaß machten.
Dann fiel ihm seine zahme weiße Maus, Flocki, ein. Als er ins Spital mußte, war die Maus auch krank geworden.
Philipp hoffte, daß seine Mutter die Maus gut pflegte.

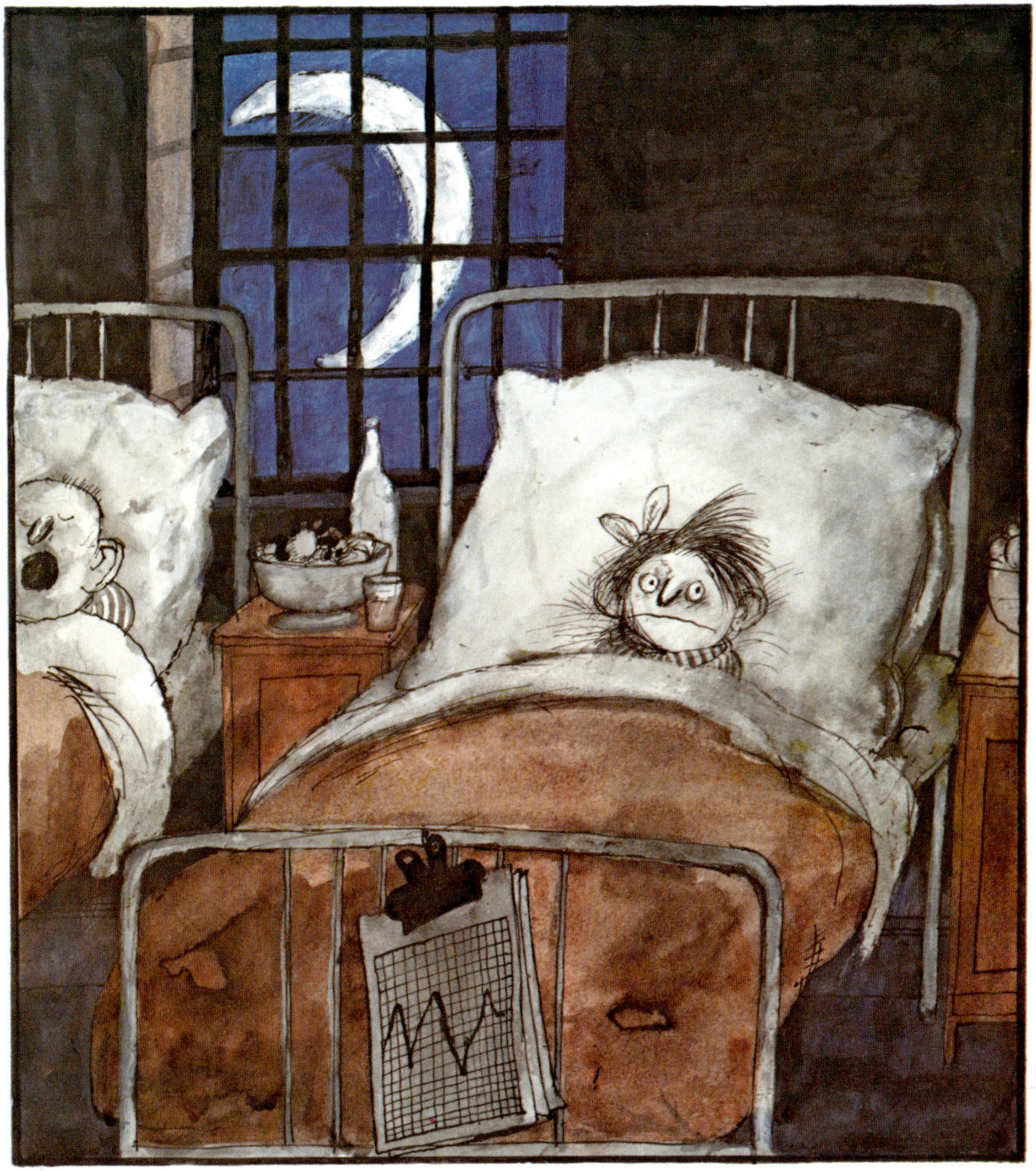

Philipp hatte Sehnsucht nach seiner Mutter. Er drehte sich auf die Seite und versuchte zu schlafen. Eben wollte er die Augen schließen, als er winzige Lichter über kleinen Türen in der Wandleiste entdeckte.

Plötzlich gingen die Türen auf. Eine Schar Mäuse, wie Ärzte und Schwestern gekleidet, rollte kleine Betten in den Saal und stellte sie in Reihen auf. Philipp wollte seinen Augen nicht trauen—er lehnte sich über den Rand seines Bettes, um besser sehen zu können.

Die Mäuse waren dabei, das Krankenhaus für die Nacht in Besitz zu nehmen. Sie richteten ihre eigene Station ein mit einem Mauschirurgen und mit Ärzten und Krankenschwestern, um für die Mäusepatienten zu sorgen.

Da gab es die Dicksackmaus, die natürlich zu fett war.
Sie wurde auf eine Flüssigkeitsdiät gesetzt, und der Arzt sagte,
daß sie bald abnehmen würde.

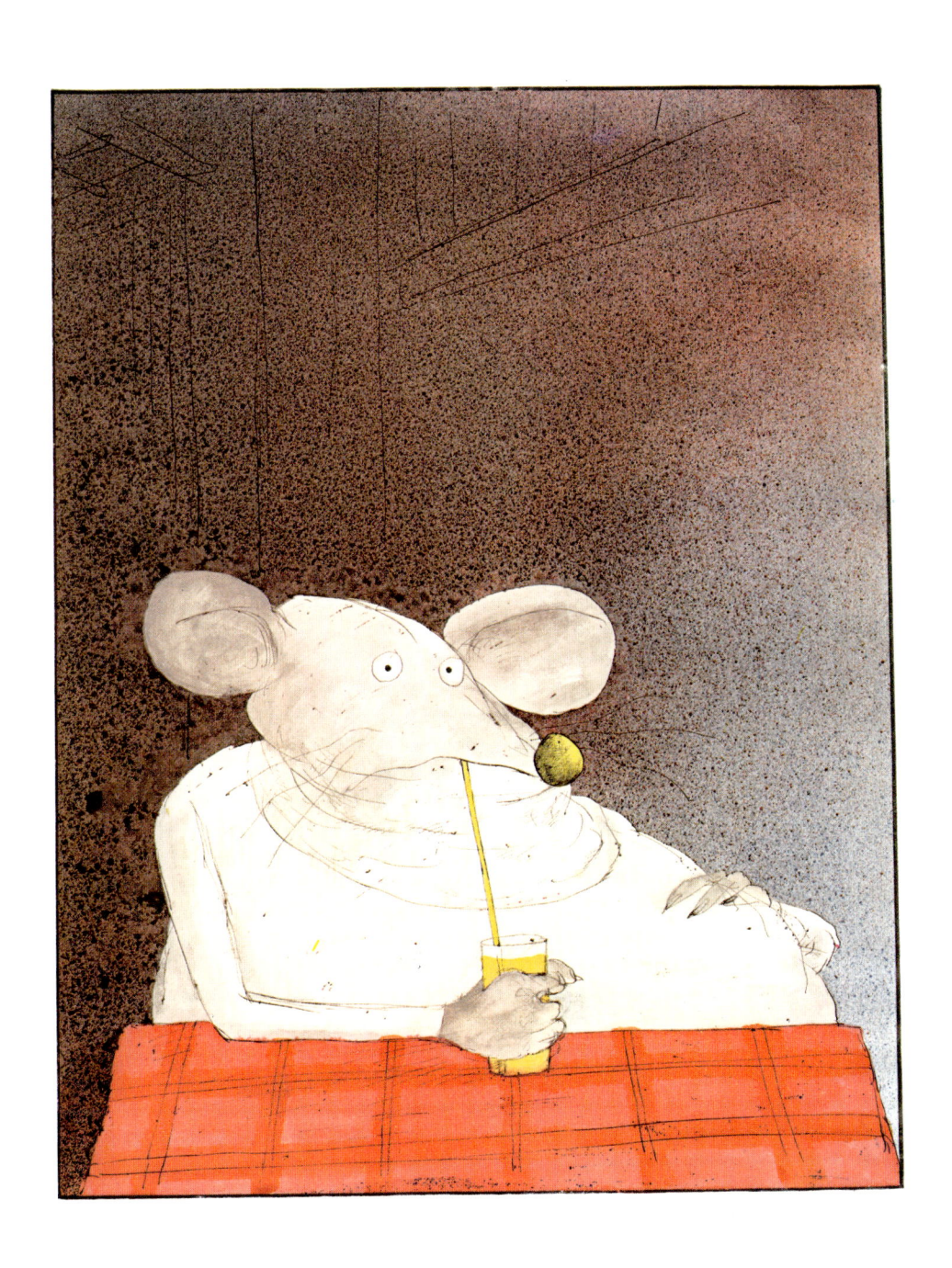

Im nächsten Bett lag die Maus Hackezahn. Sie hatte eine Konditorei geplündert und wartete nun auf den Zahnarzt.

Die arme Humpelmaus war nicht schnell genug davon gerannt und hatte sich von einer Katze erwischen lassen. Aber sie lernte schon ganz gut auf Krücken zu gehen.

Die Tropenmaus war als blinder Passagier von weither gekommen. Sie litt an einer seltenen, tropischen Krankheit. Eine *so* gelbe Maus hatte man noch nie gesehen.

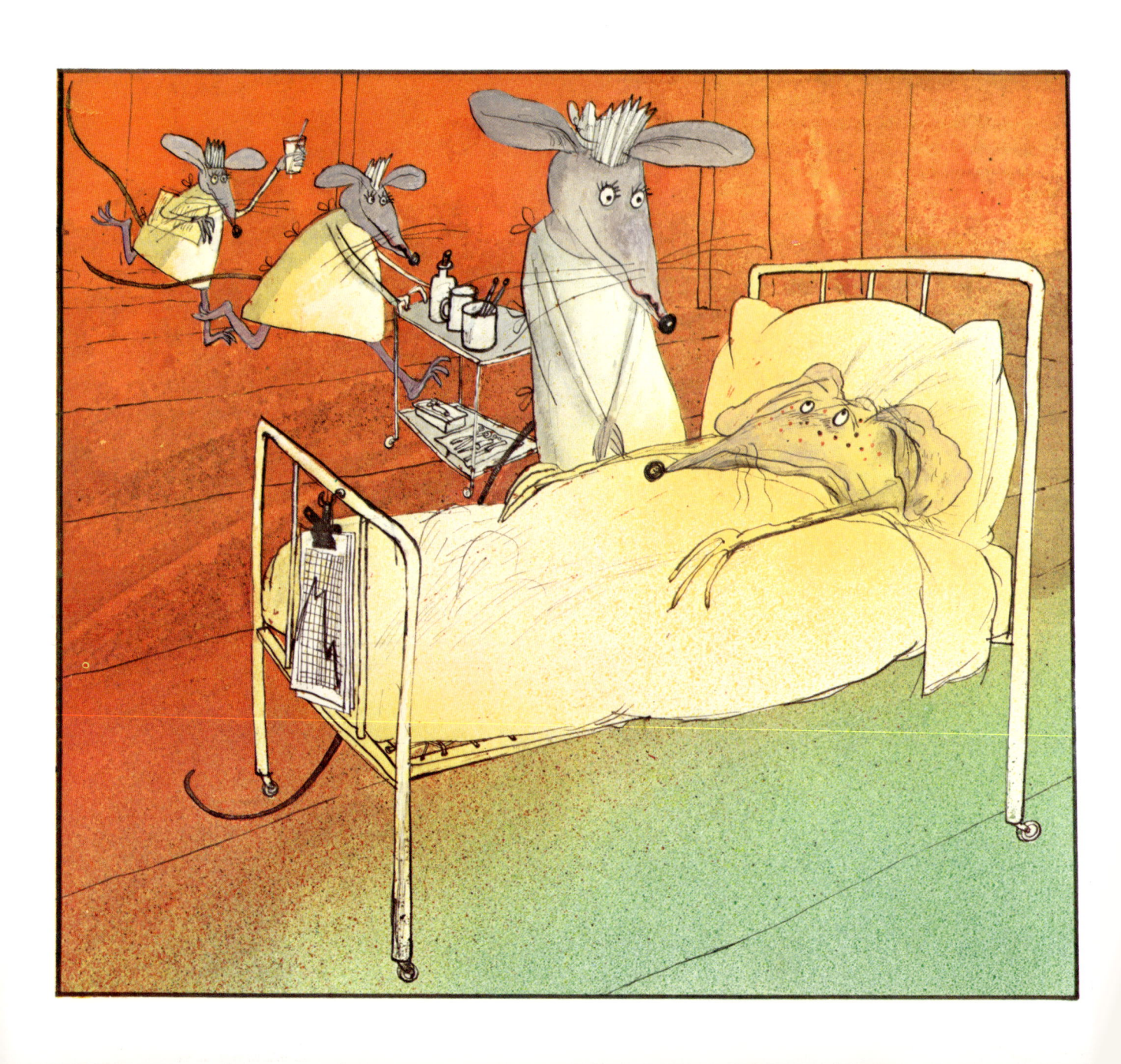

Die Maus, die sich einbildete jede Krankheit zu haben, war auch wieder da. Die Ärzte liessen sie jedesmal ein paar Tage bleiben und schickten sie dann wieder nach Hause.

„Achtung Notfall! Sofort in den Operationssaal mit ihm!"
Es war der Mauschirurg der diese Anweisungen gab. Champion, der tollkühne Käsedieb, war auf frischer Tat ertappt worden und wurde nun mit eingeklemmtem Schwanz eingeliefert.

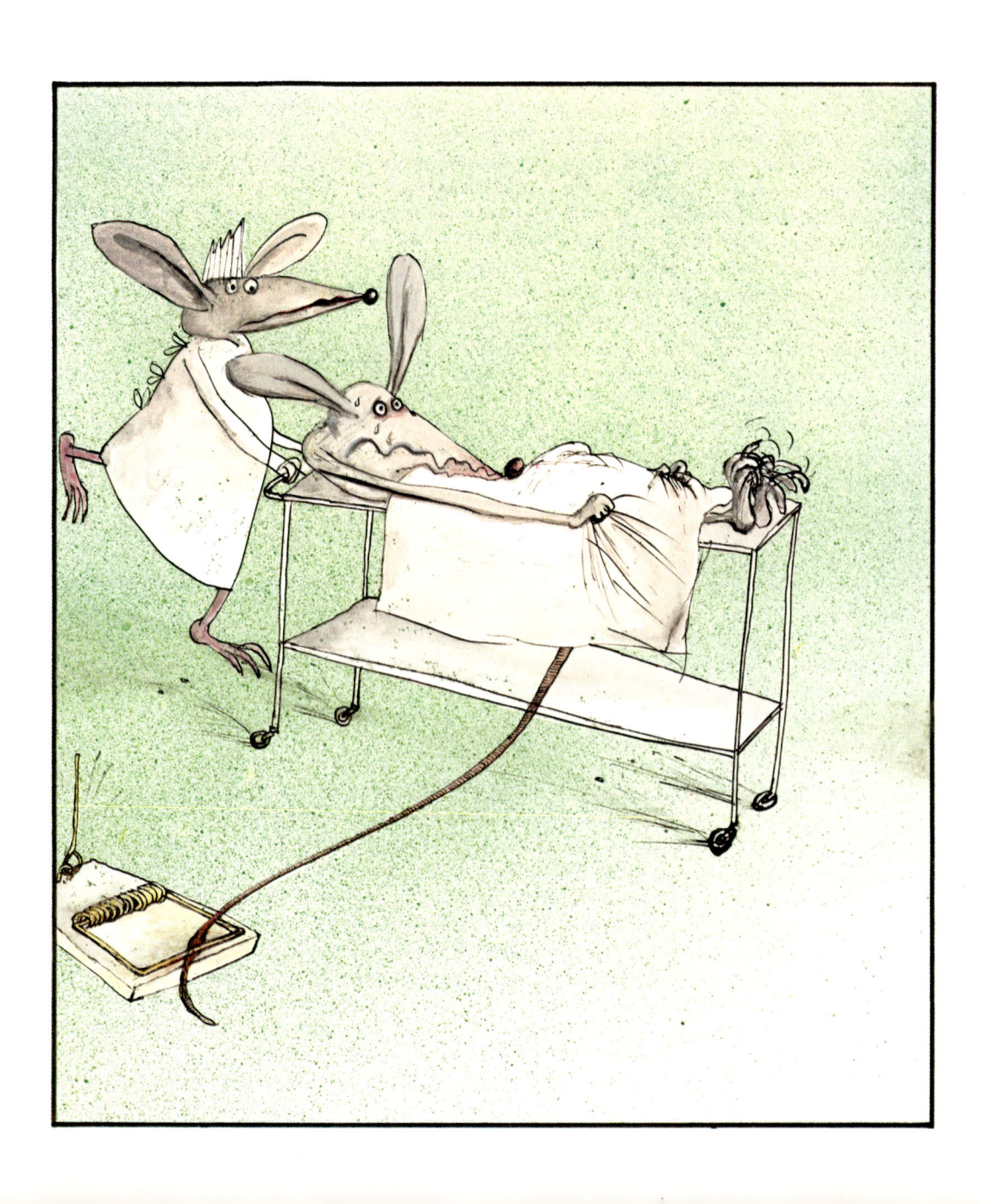

„Betäubung", befahl der Mauschirurg, und die Mäuseschwester hielt ein großes Stück Käse unter Champions Nase. Er schlief sofort ein.

Sein Schwanz war bald befreit und in Schienen gelegt.

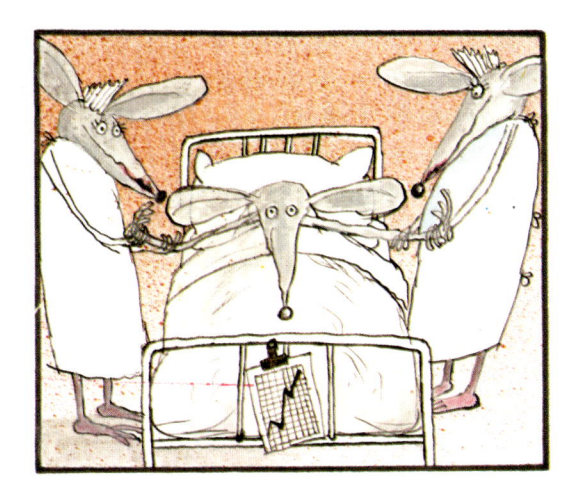

Als er erwachte, lag er auf der Station in seinem Bett, und zwei Schwestern hielten seine Hände.

Champion erholte sich rasch. Er konnte es kaum erwarten, wieder auf Käsejagd zu gehen.

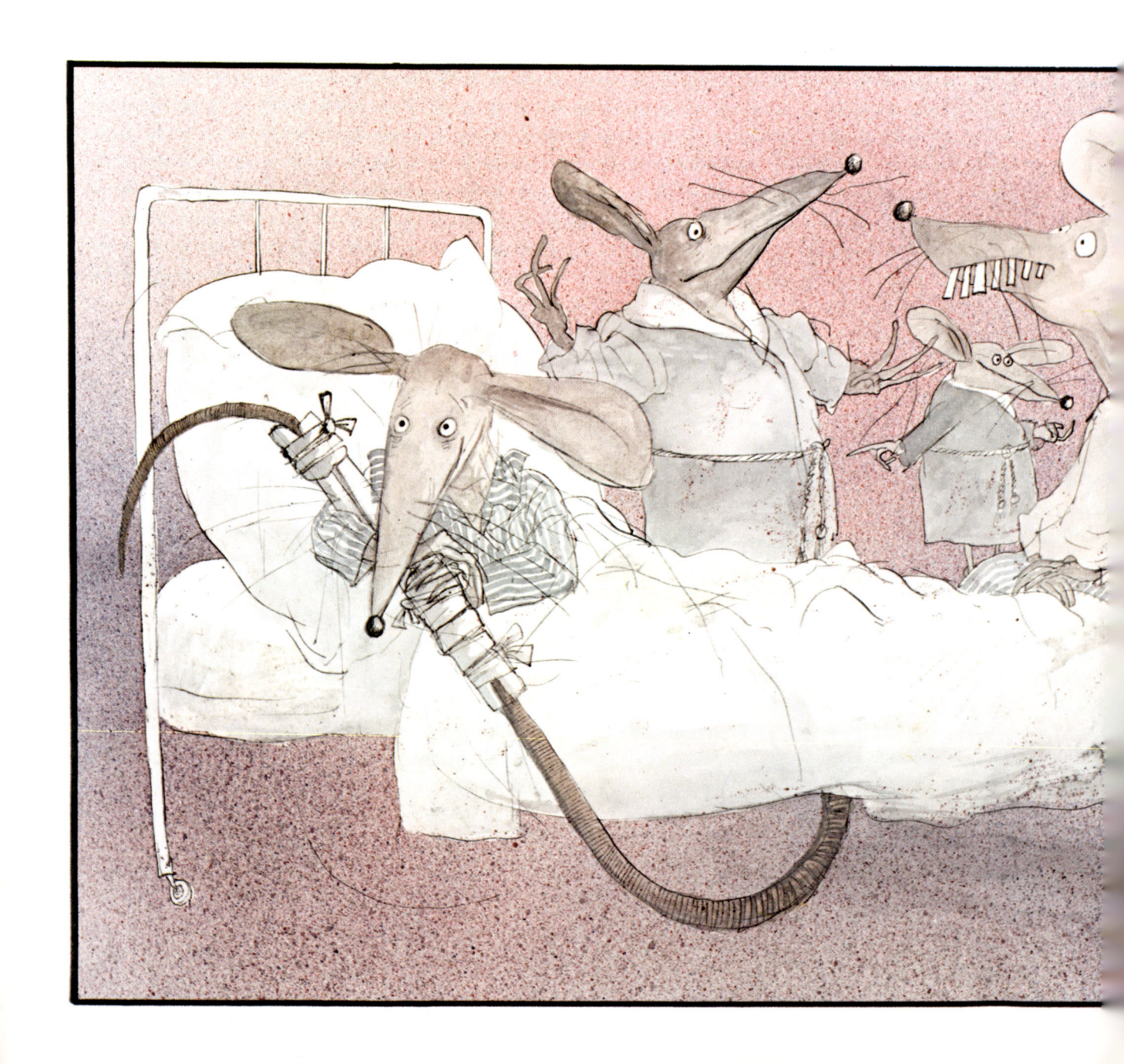

Als die Patienten sich um sein Bett versammelten, sagte Champion plötzlich: „Psst! Da knarren Schritte auf dem gewachsten Fußboden! Es muss schon Morgen sein. Schnell, alle in die Betten zurück. Ich werde kontrollieren, ob wir alles sauber und ordentlich zurückgelassen haben."

Er schlüpfte in seinen rotkarierten Morgenrock und rannte durch die Station. Plötzlich kam ein riesiges und lautes Monster auf ihn zu.

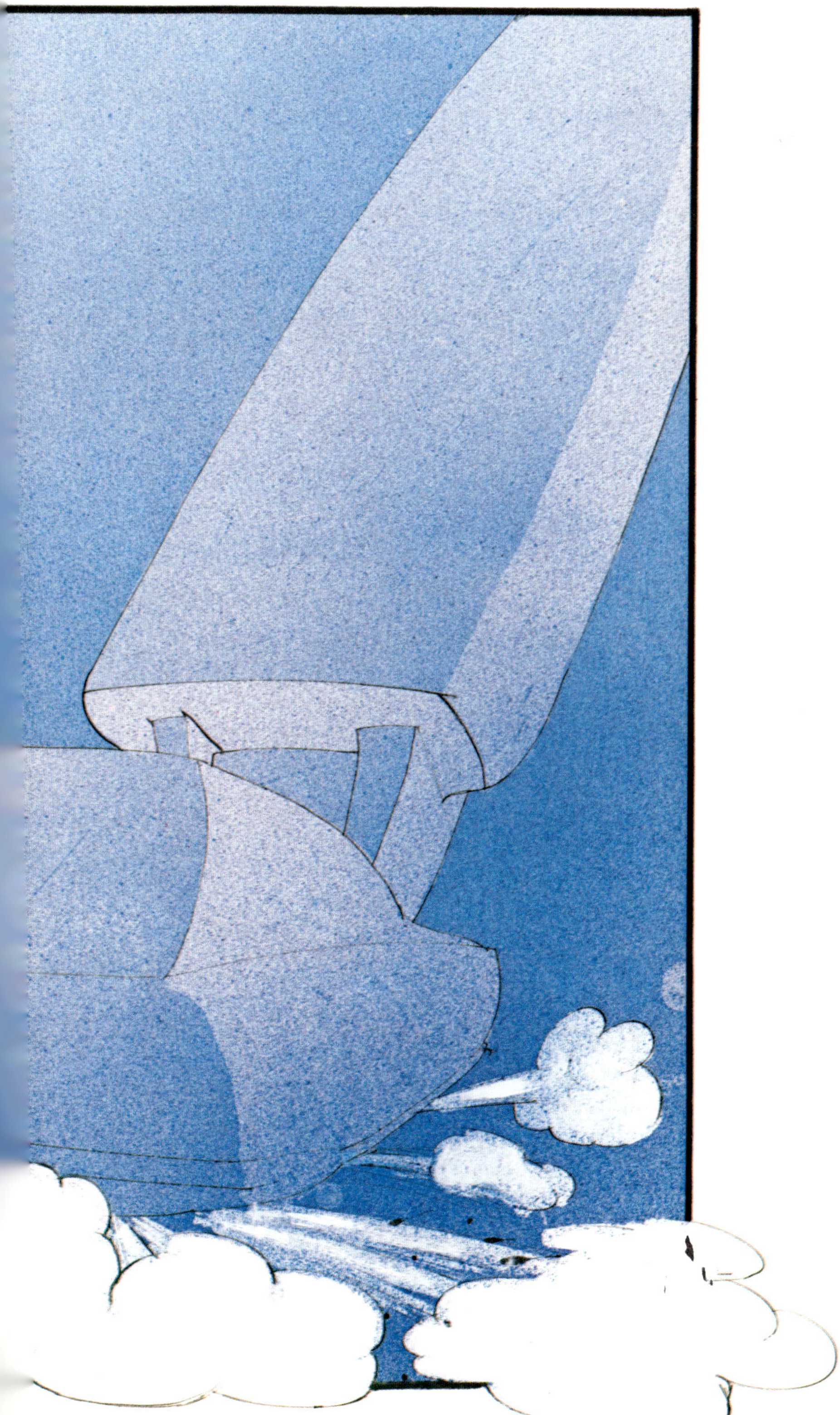

Er sprang zur Seite und geriet dabei an einen Besen, der an der Wand lehnte.

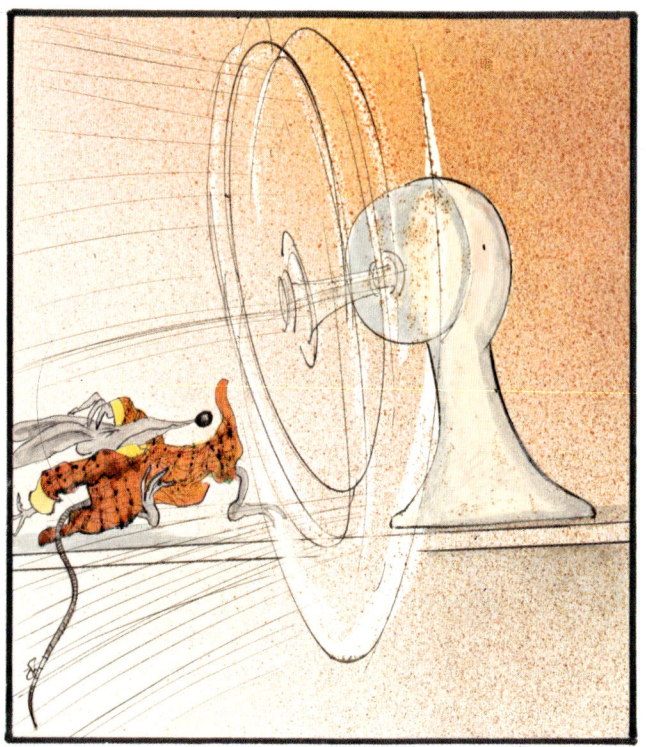

Er kletterte den Besenstiel hinauf. Als er das Fensterbrett erreicht hatte, wurde er durch einen Luftstoß fast wieder hinuntergeblasen. Ein Ventilator war eingeschaltet worden.

Dann stellte jemand ein Radio an. Das gab ihm den Rest. Der Lärm verwirrte ihn, er mußte fliehen, bevor es zu spät war.

Er rutschte den Besenstiel hinunter, huschte unter einen Servierwagen und um eine Sauerstofflasche herum.

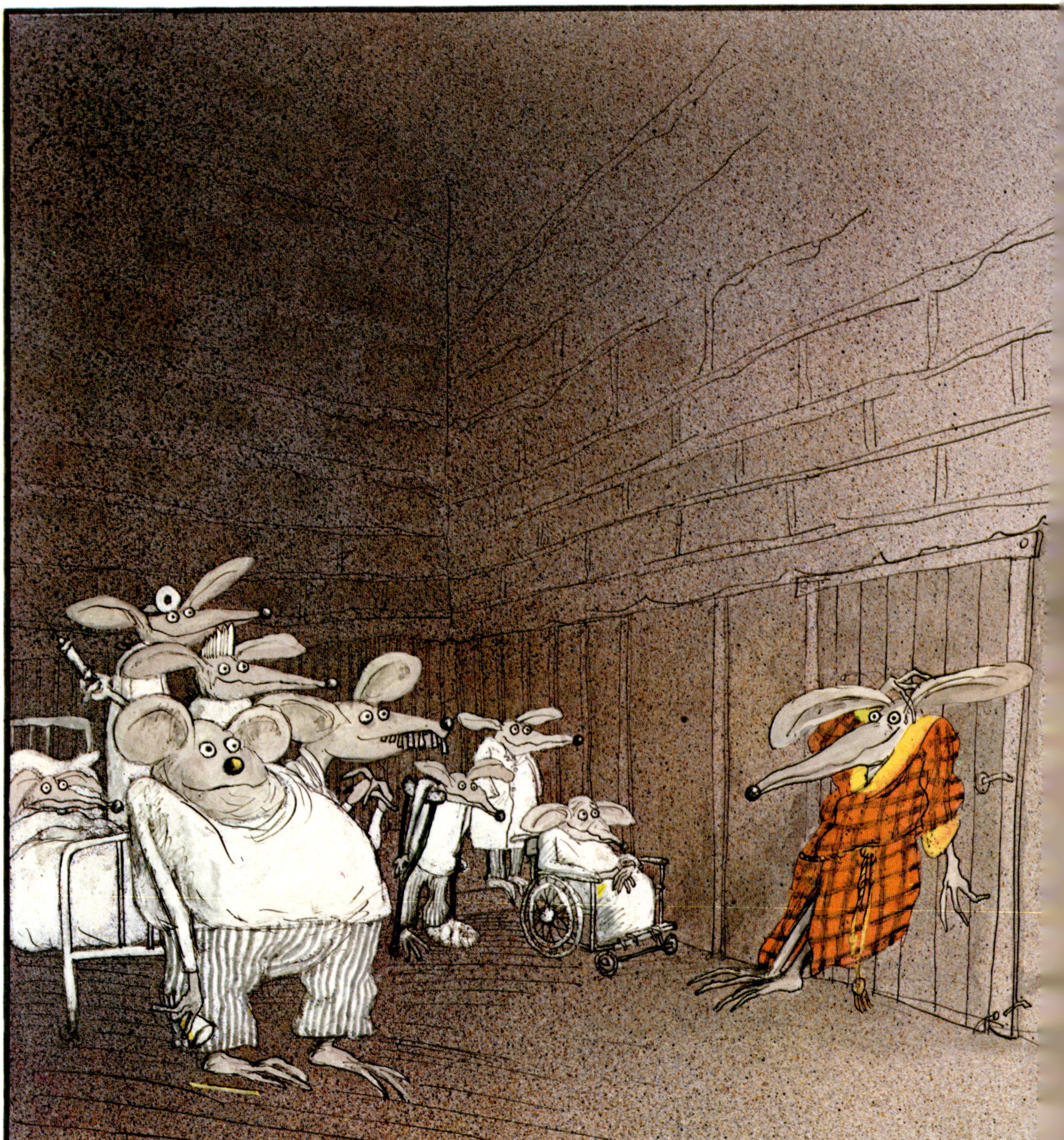

Außer Atem gelangte er wieder
zu den anderen Mäusen hinter
der Wandleiste. Gerettet!

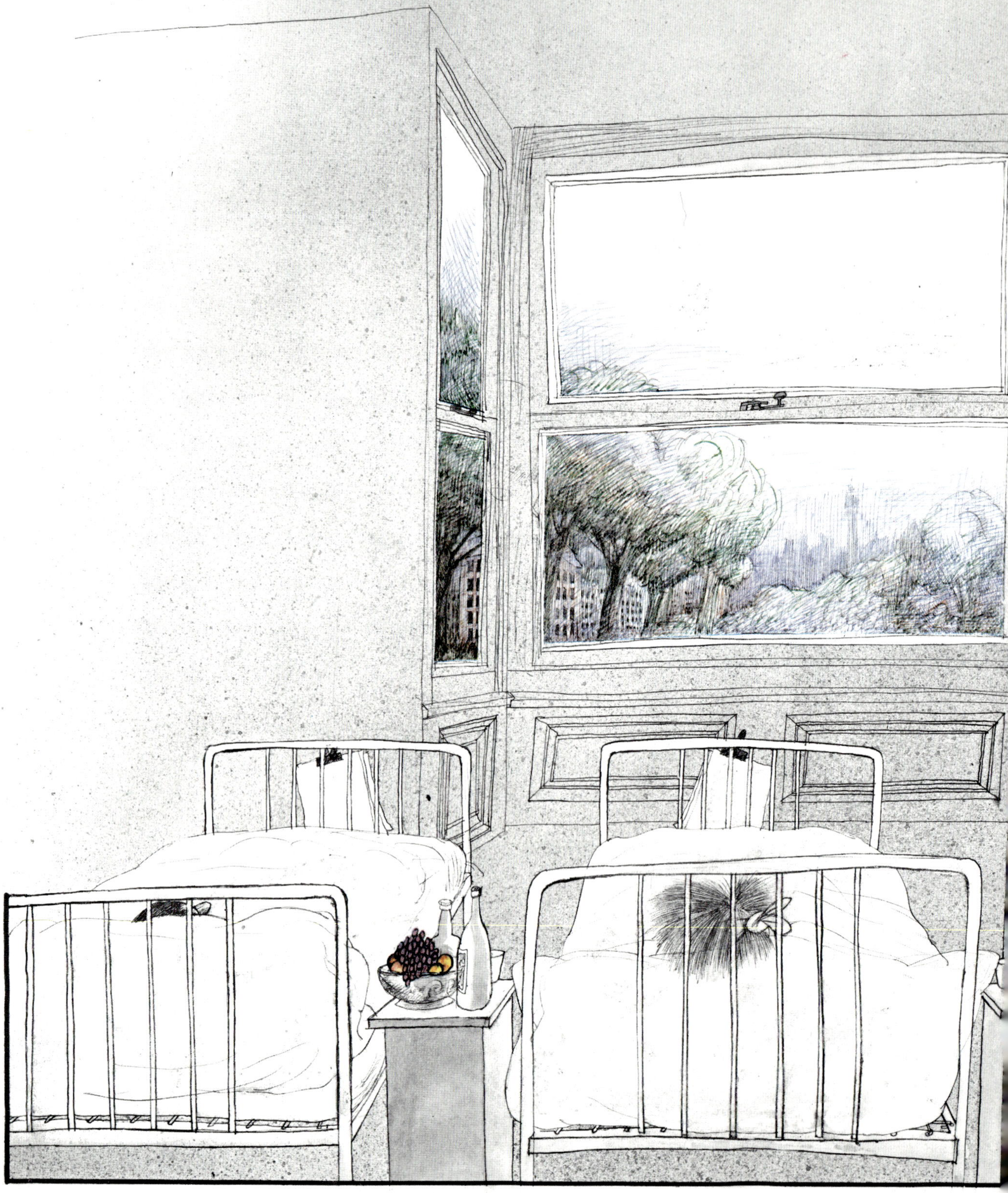

Philipp erwachte. Die ersten Sonnenstrahlen schienen durch die Allee vor dem Erkerfenster gegenüber. Er streckte sich, gähnte und setzte sich auf, als eine Schwester den Servierwagen mit dem Tee zu ihm hinschob.
„Guten Morgen, Philipp. Hast du gut geschlafen?"
Philipp blinzelte zur Wandleiste, lächelte und antwortete: „Ja danke, Schwester, ich habe gut geschlafen, sehr gut."

„Prima", antwortete die Schwester, „der Arzt hat gesagt, daß du wieder gesund bist. Deine Mutter hat angerufen und läßt grüssen Sie wird dich heute abholen. Ich habe ihr versprochen, dir gleich zu sagen, daß es deiner weißen Maus auch wieder gut geht."

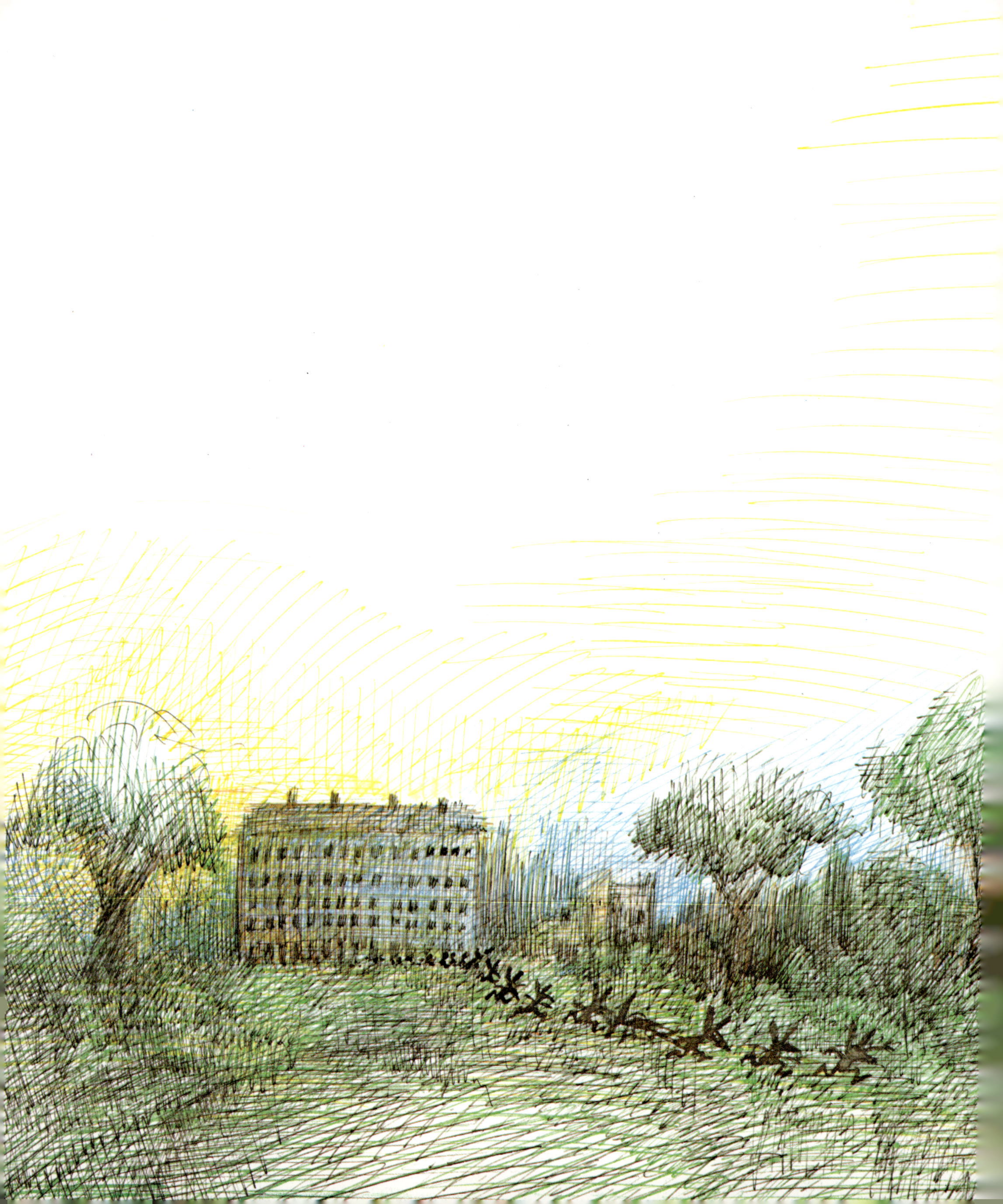